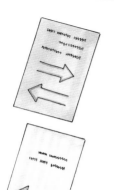

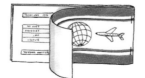

TAXI

  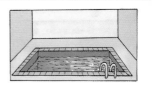

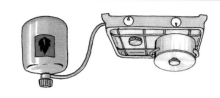
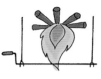

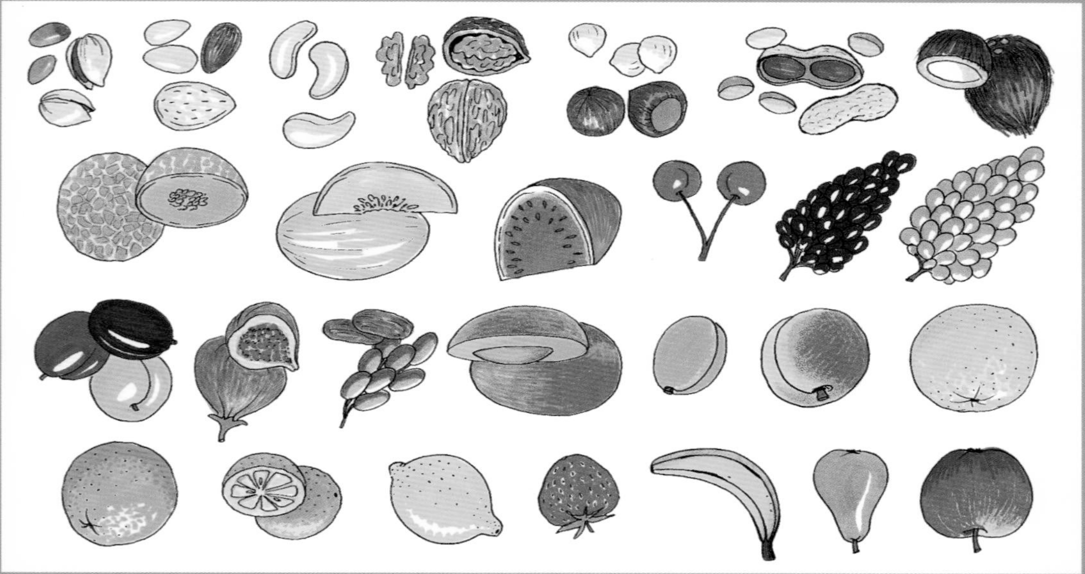

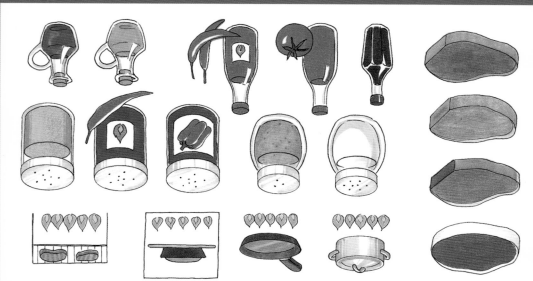

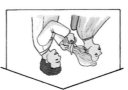

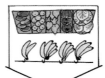
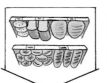

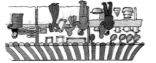

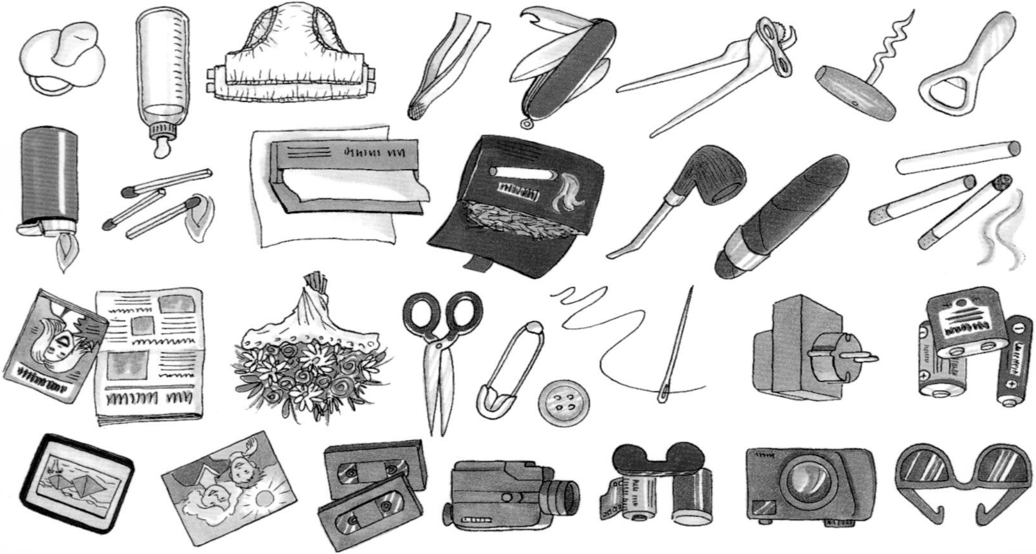

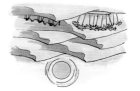

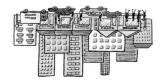

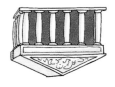

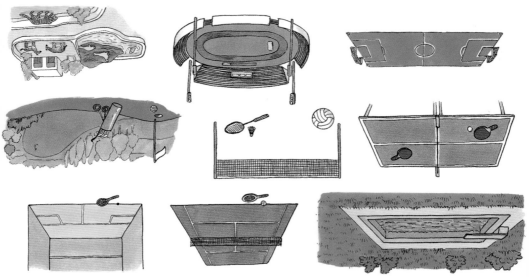

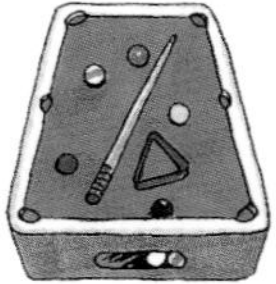

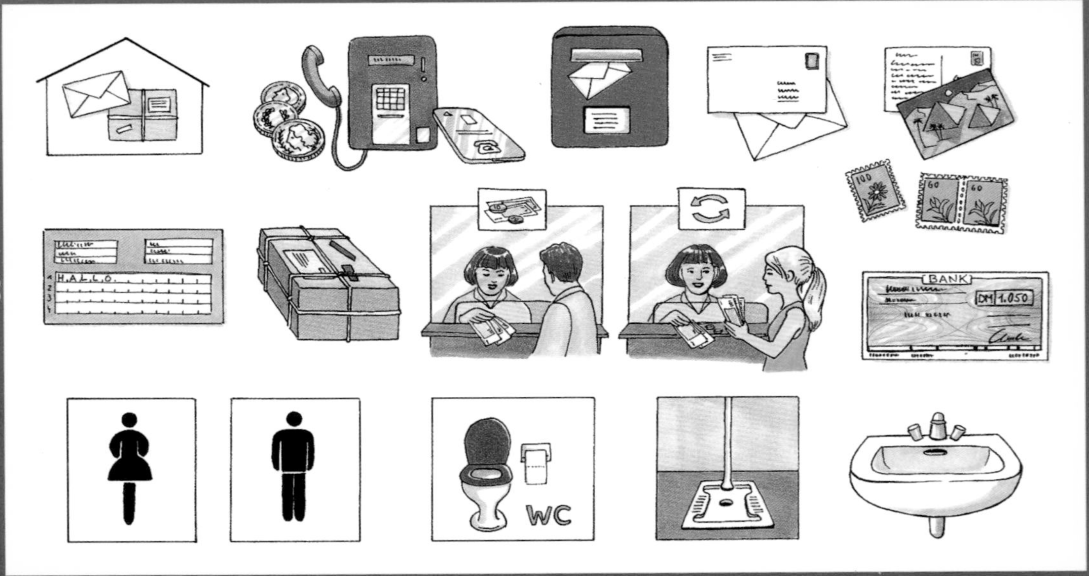

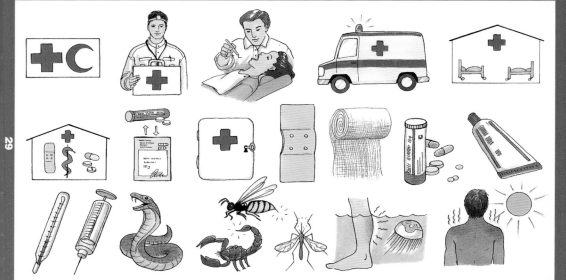

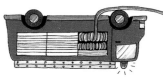

1	2	3	4	5	6	7	8	9	10	11	12	13	14	15	16	17	18	19	20	21
١	٢	٣	٤	٥	٦	٧	٨	٩	١٠	١١	١٢	١٣	١٤	١٥	١٦	١٧	١٨	١٩	٢٠	٢١
一	二	三	四	五	六	七	八	九	十	十一	十二	十三	十四	十五	十六	十七	十八	十九	二十	二十一

30	40	50	100	200	1000	2000	10 000	100 000	1 000 000
٣٠	٤٠	٥٠	١٠٠	٢٠٠	١٠٠٠	٢٠٠٠	١٠٠٠٠	١٠٠٠٠٠	١٠٠٠٠٠٠
三十	四十	五十	一百	两百	一千	两千	一万	十万	一百万